AF337867

RÉPONSE

DE M. DE COTTON,

DÉPUTÉ DU RHÔNE,

A M. CAMILLE-JORDAN, de Lyon,

DÉPUTÉ DE L'AIN.

MONSIEUR ET HONORABLE COLLÈGUE,

J'ÉTAIS retenu, depuis quelques jours, par une indisposition qui m'a empêché d'assister à la séance du 22, et je m'en félicite. Peut-être votre chaleur et votre éloquence, quoique habituellement elles fassent peu d'effet sur moi, m'auraient-elles gagné, et j'eusse voulu vous répondre. Peut-être, au milieu du trouble général, et du vôtre en particulier, eussé-je mal interprété des phrases mal entendues, plus souvent mal conçues et embarrassées, et je me serais exposé à répondre plutôt à mes idées qu'aux vôtres. Mais aujourd'hui que votre discours se montre corrigé, poli, rajusté, dans le Moniteur officieux, tel enfin que vous voulez l'avoir débité, je puis, sans crainte de m'égarer, prendre à mon tour la parole, et discuter vos assertions, avec tout le calme de l'examen, et à l'abri de la séduction de votre éloquence.

Et d'abord, je conçois peu, je l'avoue, votre persévérance à vous rendre l'accusateur constant de vos compatriotes. Qui vous a imposé cette triste obligation ? Quel motif si puissant vous stimule ? Le libéralisme le plus pur ne saurait aller jusques-là. Prenez garde; pour être député et libéral, comme *pour être dévot*, ainsi que dit Tartufe, *on n'en est pas moins homme*. Méfions-nous donc de ce penchant, bien naturel à l'humanité, de travestir nos ressentimens particuliers en zèle pour le bien public, et nos détracteurs personnels en ennemis de l'Etat. Je conviens que les Lyonnais, vos compatriotes et les miens, ont quelques reproches à se faire envers vous. Ils n'ont pas fait à vos talens et à votre mérite l'accueil qui leur était dû; ils n'en ont pas témoigné l'admiration que vous en attendiez justement. C'est un tort grave, je le confesse ; mais, hélas ! chez eux c'est une espèce de péché d'habitude invétérée. Vous savez ce qu'il leur en a déjà coûté pour avoir mal reçu des talens d'une autre genre ; le châtiment en est encore sur place. Non que je veuille faire aucun rapprochement entre ce terrible correcteur et vous; il serait injuste, odieux, barbare. Je ne veux que vous faire sentir par cette citation l'inconvenance de votre rôle, dont vous seul ne vous apercevez pas ; et vous ramener à la pratique de cette modération dont vous possédez si bien la théorie, en vous montrant le seul prix que vous puissiez retirer de vos poursuites. Croyez-moi, nos compatriotes ont été insensibles à votre mérite, ils le seront à bien d'autres. Tenez-les donc pour incorrigibles sur ce point; laissez-les encroûtés dans leur aveuglement et leur mauvais goût, et venons à votre discours d'accusation.

J'aperçois dès le but une amélioration bien

sensible dans cette affaire ; et je m'en réjouis. Il n'y est déjà plus question, comme dans le libelle scandaleux, de contester la réalité de la conspiration ; il n'est plus question pareillement que les autorités elles-mêmes aient, par leurs agens, poussé des malheureux à la révolte afin de se créer le mérite odieux de la réprimer. Vous les reconnaissez innocentes : grâces vous en soient rendues ; grâces en soient rendues aussi un peu à l'évidence avec laquelle elles l'ont démontré. Mais n'importe. Vous trouvez seulement que plusieurs des autorités principales, loin de réprimer un certain délire d'opposition contre le 5 septembre, la loi des élections, etc., qui s'était manifesté parmi des hommes respectables d'ailleurs, l'ont, au contraire, déplorablement flatté, ont quelquefois même paru le partager, et que l'action du gouvernement s'est trouvée sans cesse contrariée par une action invisible et puissante. Cette inculpation, quoique obscure et entortillée, est encore assez grave. Elle ne tend à rien moins qu'à dire qu'ils ont manqué à leurs devoirs et à leur conscience. Je ne vous sommerai pas, quoique ce fut de droit rigoureux, de nous faire connaître d'après quels faits vous constituez ces autorités en prévarication ; je vous demanderai seulement, comment vous avez connaissance de ces faits ? Certes, ils ne pouvaient se passer que dans l'intimité des sociétés privées : il faudra bien ici que vous conveniez ou que vous étiez reçu dans les salons, foyer de tout ce délire, ou que vous écoutiez aux portes ; ou enfin que ceux qui vous les ont rapportés étaient dans l'une ou l'autre de ces positions. Dans le premier cas, faire reposer

(4)

votre accusation sur des discours tenus avec l'abandon de la confiance, ou surpris à la négligence, me paraît un rôle assez triste; dans le second, la confiance donnée à vos instructeurs me paraît un peu hasardée; et si elle prouve la candeur de votre crédulité, elle n'est pas très-propre au moins à vous concilier la nôtre, sur-tout lorsqu'il s'agit de flétrir des magistrats honorables et honorés par le Roi, jouissant de l'estime publique, et précédés d'une longue vie sans tache.

Mais enfin, j'admets les faits, puisque vous les assurez; je ne vous demanderai pas l'explication de quelques réticences, et d'assertions vagues, où votre embarras ne peut se dissimuler. Je prends le tout tel que vous nous le donnez, et je dis, que bien loin d'accuser toutes ces personnes pour les discours qu'elles ont tenus, vous devriez les défendre, si un autre les accusait. Soyez donc une fois conséquent avec vous-même. Comment, vous, ami si zélé et si prolixe de la liberté absolue de la presse, vous qui voulez tenir la porte ouverte à toutes les opinions et à toutes les idées, vous trouvez mauvais qu'on ait des opinions parce qu'elles ne sont pas les vôtres! vous blâmez ce qu'on dit dans l'intérieur des salons, vous qui combattez pour que tout puisse se produire au grand jour! Où sont donc ces principes de liberté dont vous faites tant de bruit? Est-ce par hasard que vous ne la voudriez que pour les idées que vous appelez libérales? Expliquez-vous, que nous sachions à quoi nous en tenir positivement pour ne pas encourir votre indignation. Ah! je commence à concevoir cette

(5)

forme de gouvernement métaphysique à laquelle
les libéraux veulent nous amener ; cela se rédui-
rait au fond à un gouvernement à la spartiate,
dont vous et vos amis seriez les citoyens, et
nous, pauvres illibéraux, les ilotes. Mais en
attendant que cela s'exécute, souffrez, par *libé-
ralité* du moins, dans les autres, cette liberté
d'opinion que vous vous retenez pour vous-
même, par droit de nature et de sublimité
d'esprit. Mais, assurez-vous, dans ces sociétés
on déclamait contre le 5 septembre et la loi des
élections ; c'étaient des autorités du Roi qui
flattaient ce délire, qui paraissaient même le
partager quelquefois, et ainsi elles ont décrié
le Gouvernement ; si tout cela est vrai, sans
doute elles seraient blâmables, mais, permettez-
moi de vous le dire, blâmables par tout autre
que par vous. Eh ! blâmez donc aussi ce conseiller d'État qui monte à la tribune pour parler
contre une loi présentée au nom du Roi, déli-
bérée dans le conseil d'État lui-même ; et qui
lui reproche jusqu'à des inconstitutionnalités.
Pensez-vous que le Gouvernement soit moins
décrié par ces discours d'apparat, auxquels la
France, pour ainsi dire, assiste toute entière,
que par des propos enfouis dans l'intérieur des
salons, où ils naissent et meurent au même ins-
tant ? Qu'est-ce que le peuple doit en conclure,
quand il voit ce conseiller, qui a une place si
élevée dans le Gouvernement, se prononcer
ouvertement contre lui ? Le proclamerez-vous
l'auteur des troubles qui viendraient à éclater
dans l'avenir ? Mais, direz-vous pour excuse,
le devoir de député, la conscience.... Eh ! Monsieur, la conscience ? qui n'en a pas une comme

il veut, et elle sert bien souvent de couverture à bien des sottises. Il ne suffit pas de parler et d'agir suivant sa conscience : il faut encore que la conscience fasse parler et agir convenablement. Mais du moins quand on veut pouvoir alléguer le témoignage de sa conscience, faut-il recevoir le témoignage de celle des autres ; croire qu'ils peuvent parler suivant la leur, et la respecter, si l'on veut avoir le droit de parler de la sienne et de la faire respecter.

Ah ! Monsieur, que *le moi personnel* se fait sentir dans les gémissemens douloureux que vous poussez sur le traitement qu'éprouvaient dans ces sociétés les défenseurs du Gouvernement qui y étaient *livrés à la plus constante comme à la plus ridicule diffamation.* Vous ne vous trompez pas, j'espère, en donnant pour défenseurs du Gouvernement, de ses vues et de ses plans, des hommes qui ne défendraient que leur propre doctrine et leurs systèmes. Il n'y a point de telles erreurs à craindre de votre part. Soit, au moins ici votre sensibilité est juste. Il n'est jamais permis de diffamer qui que ce soit, encore moins des fonctionnaires publics, des hommes employés par le Roi, voués à son service, et d'avilir ainsi l'autorité dans la personne de ses dépositaires. Je désirerais seulement que cette sensibilité vous eût averti que ceux sur qui vous jetez des soupçons et appelez l'animadversion publique, sont aussi des magistrats qui agissoient au nom et pour les intérêts du Roi, et qu'il a honorés de sa confiance. Pourquoi les mettez-vous hors de la loi, lorsque vous la réclamez avec tant de raison pour les autres ?

J'ai été facile et coulant pour les faits que vous nous avez avancés, il n'en sera pas de même pour les inductions et les conséquences que vous en tirez, oh! sur ce chapitre je suis intraitable. J'exige d'un conseiller d'Etat de *raisonner juste* en tout et par-tout. C'est-là ma marotte, j'en conviens, ma folie; j'en fais le palladium de la France, comme vous de la loi des élections; et j'éprouve à l'ouïr d'un raisonnement faux, un certain frémissement, une certaine contraction, comme vous, à l'aspect d'un ultrà. Or, dans tout ce que vous nous avez donné pour être les causes de la conspiration dont vous ne contestez plus au reste la réalité, je n'ai pu apercevoir la moindre connexité entre l'effet produit et la cause que vous lui indiquez; il y a là une lacune que vous nous faites franchir d'un saut; mais sur quelle crédulité avez-vous donc compté, pour faire admettre, sans aucune explication, que des propos tenus dans quelques sociétés de Lyon, contre le 5 septembre et la loi des élections, ont été mettre en insurrection les paysans de Millery, de Charnai, à 10 ou 12 lieues à la ronde; leur faire sonner le tocsin à jour et heure fixes, attaquer leurs maires et leurs curés, et proclamer, les uns Napoléon II, les autres la république, les autres le pillage et le pain à trois sols! Quelle relation y a-t-il entre ces paysans et les salons! Comment les propos tenus secrètement dans ceux-ci, sont-ils parvenus à ceux-là! Quelle affinité y a-t-il donc entre les idées des uns et des autres, telle que l'apparition des premières a dû nécessairement mettre en jeu les secondes! L'itinéraire de tous ces discours de société, pour arriver jusqu'à leur but, eût été très-instructif à nous donner, ainsi que les gîtes où ils ont passé, et les métamorphoses qu'ils ont dû subir dans la route, afin de pouvoir entrer dans ces têtes agrestes, peu appropriées pour les recevoir dans leur état primitif. Mais si vous ne nous expliquez rien de tout cela, vous n'ignorez point qu'on ne peut pas conclure de ce qu'une chose soit arrivée après une autre, qu'elle en est nécessairement l'effet. *Si post hoc, tamen non propter hoc.* Ainsi vous ne nous donnez là encore que le tableau des enjambées de votre imagination.

Mais, Monsieur, les dépositions et la procédure vous ont appris, ainsi qu'à nous, qu'il y avait eu de l'argent distribué, des cartouches confectionnées et livrées, des messagers envoyés en différens temps et différens lieux, toutes choses qui ne se font pas sans argent. Nous faudra-t-il croire encore que ce sont les propos des salons qui ont produit cet argent? La fable dit bien que Midas changeait en or tout ce qu'il touchait. Les adeptes de la pierre philosophale prétendent bien avoir le secret de la transmutation des métaux, mais enfin l'un et les autres opèrent sur quelque chose de solide; mais faire de l'or avec des mots en l'air, ah! Monsieur, quelle foi vous nous demandez! Que s'il ne vient pas de là, il est donc sorti d'ailleurs. Or, quel croyez vous être l'agent le plus actif pour faire mouvoir des hommes, et des hommes de la dernière classe du peuple, de l'argent ou des paroles? Vous parlez assurément très-bien, mais je suis convaincu pourtant que vous croyez plus efficace d'augmenter de cinq sols les guides de votre postillon, pour aller vîte, que de lui débiter la plus belle de vos harangues. Tout autre que vous eût donc raisonné ainsi : il y a eu, d'un côté, de l'argent donné avec intention, pour faire une conspiration ; il y a eu, de l'autre, des paroles, sans intention de conspirer ; donc la cause de l'insurrection doit être du côté d'où vient l'argent, plutôt que du côté d'où viennent les paroles. Un raisonnement si simple ne vaut-il pas toute votre métaphysique embrouillée ?

Mais, répondrez-vous, je n'ai pas prétendu que ces propos aient été la cause directe, efficiente, mais la cause occasionnelle des troubles ; des agitateurs s'en sont emparés pour exaspérer le peuple, lui montrer que le Gouvernement était décrié, et qu'il fallait se soulever contre lui. Ainsi donc, parce que des malveillans ont usé ou abusé de quelques discours inconsidérés (et à défaut de ce prétexte, croyez-vous qu'ils n'en eussent pas trouvé d'autres ?), pour préparer, machiner et commettre des crimes ; vous fermez les yeux sur ces malveillans et leurs manœuvres, pour ne voir les auteurs de tout ce désordre que dans ceux de tels discours ! Votre logique me paroît ici de la force de celle de cet ex-membre du comité de salut public, qui prouvait, à peu près comme vous, que c'étaient les royalistes, et non la Convention, qui avaient fait périr le Roi ; car, disoit-il, la Convention ne voulait que la république, mais les royalistes voulaient la monarchie ; s'ils eussent voulu la république, la Convention n'eût pas été obligée de condamner le Roi ; donc ce sont eux qui sont la cause de sa mort, et qui en sont seuls coupables. Comme cet ex-conventionnel, vous ne voyez le principe du mal que dans l'opposition à vos idées ; ce

qui vous constitue, soit dit en passant, infail-
lible et impeccable.

Quoi! Monsieur, vous épanchez toute votre
sensibilité sur la punition des coupables; non
qu'une juste compassion ne soit due au malheureux conduit à l'échafaud, mais elle doit avoir
ses bornes, et devient condamnable lorsqu'elle
tend à le transformer en victime et les juges en
assassins. Vous reconnaissez qu'il y a eu des
agitateurs qui les ont poussés à la révolte, et
vous vous taisez sur les manœuvres, sur leurs
crimes, et toute votre indignation vient éclater
contre ceux dont les propos ou imprudens ou
inconsidérés, ou telle autre épithète que vous
voudrez leur donner, ont, suivant vous, servi de
motifs et de prétextes à l'exaspération des esprits;
et parmi ces motifs, ceux que vous citez comme
les plus graves, sont le déchaînement des royalistes contre le 5 septembre et la loi des élections; eh bien! je ne veux pas vous laisser le
prétexte de ces motifs : car pour qu'on eût pu
exaspérer le peuple par ce moyen, il faudrait
qu'il eût eu ou qu'il eût cru avoir un grand
intérêt dans l'ordonnance du 5 septembre et la
loi des élections. Alors, en effet, il eût pu s'irri-
ter contre leurs adversaires, se soulever pour
les détruire; mais dans sa fureur il en eût
indiqué la cause même, et eût désigné ces lois.
Ainsi, lorsque voulant, au commencement de la
révolution, forcer le Roi à sanctionner quelques
décrets qu'il refusait, on mit le peuple en
insurrection pour l'y contraindre, on fit du
veto un fantôme contre lequel on arma sa fureur.
Il ne savait pas ce que c'était, mais enfin il
vociférait contre le *veto*. Or, dans les troubles

de Lyon, a-t-on jamais proféré un mot sur le 5 septembre et la loi des élections? qui en a parlé, hormis vous? Donc le peuple n'y mettait point d'intérêt; donc ce n'a point été le motif de l'exaspération des esprits. Et quel intérêt pourraient y avoir les hommes de ces bandes qui, en effet, ne possèdent rien et ne peuvent jamais être électeurs ni éligibles sous la Charte? Que leur importe que la classe des uns ou des autres s'étende plus ou moins? Vous vous imaginez que toutes ces questions métaphysiques, ces théories, ces doctrines qui vous tourmentent si fort pour les faire prévaloir, occupent la France entière comme vous. La vérité est que les neuf-dixièmes n'y songent pas, et ont le bon sens de ne pas vouloir même chercher à les comprendre; mais votre imagination en est remplie; elle vous les reproduit par-tout; par-tout vous croyez trouver vos idées, vos affections, vos terreurs, vos espérances, votre sensibilité pour elles; en un mot, ce n'est encore que vous-même que vous voyez dans ces révoltés, et vous en faites tous des Camilles, sans nous les rendre plus intéressans.

Les profondes impressions qu'a laissées la funeste période des cent jours, l'immoralité répandue dans les dernières classes du peuple, la cupidité, l'ambition éveillée par de trop fameux exemples, le malaise d'une situation qui n'est point en rapport avec ses passions, l'appât d'une meilleure chance de fortune dans un bouleversement général, telles sont les causes toujours existantes de conspirations; les hommes qui ont su rassembler ces élémens, les mettre en œuvre, qui y ont employé la ruse, la calomnie et l'argent, voilà les causes des troubles qui ont agité Lyon. Voilà celles qu'il falloit voir, rechercher, signaler, prévenir, et non se perdre dans des divagations qui ne seraient que ridicules, si elles n'étaient outrageantes et dangereuses. Eh ! bon Dieu, qu'est-ce donc que l'esprit, l'imagination, la mémoire, le brillant des images et l'élégance de l'élocution, si, de tout cela en quantité suffisante, on ne peut en extraire un gramme de sens et de raison ? Non, Monsieur, malgré toute votre dialectique, les personnes impartiales et sensées ne verront jamais les causes des troubles de notre ville là où il vous a plu de les placer ; mais j'ai dû rompre le silence pour repousser une inculpation odieuse par laquelle vous livrez à l'animadversion générale les hommes les plus respectables de Lyon, et en d'autant plus grand nombre, que le vague de vos indications donne plus de facilité de faire porter le soupçon sur qui l'on voudra. Que quelques-uns aient pu montrer de l'exagération dans leurs idées ; je ne les ai point suivis ; je les ai désapprouvés sans craindre les murmures ; mais je n'en estime pas moins leur caractère, leur loyauté, leurs nobles sentimens et pour le Roi et pour la France, et je n'ai pu voir sans indignation que vous veniez soulever de nouveau contre eux tout le fanatisme révolutionnaire. Je ne partagerai jamais leurs illusions, je partagerai toujours leurs dangers. Heureusement nous n'en sommes pas encore à cette extrémité, et il n'en faut pas tant pour se parer de vos attaques.

Mais sont-ils donc tout-à-fait exempts de reproches, ceux qui, dans une affaire aussi grave, ont cherché à donner le change à l'opinion publique et au Gouvernement, d'abord en niant la conspiration elle-même, et enfin, lorsque la réalité en a été démontrée jusqu'à l'évidence, en détournant l'attention et en s'efforçant de la faire flotter incertaine où en avoient été les véritables auteurs ? A force de bruit, d'agitation, de trépignemens de toute espèce, ils sont parvenus à produire autour d'une question aussi simple et aussi claire que le jour, un nuage épais dans lequel la lumière s'est perdue un moment, et les coupables avec les fils de leurs trames, ont disparu pour toujours. Je me réserve d'examiner ce point en temps opportun, si cela est nécessaire.

Pour le présent, je ne m'occupe que de vos raisonnemens. J'ai trouvé jusqu'ici que le simple bon sens aurait dû diriger vos vues ailleurs; je trouve actuellement que le caractère dont vous êtes revêtu vous interdisait toutes ces inculpations calomnieuses. Je dis calomnieuses, et je me sers de cette expression, sciemment; ouvrez le Code criminel, à l'article calomnie; et vous verrez si votre discours ne rentre pas dans la définition qu'il en donne. Si un particulier en accuse faussement un autre, et lui attribue un vice ou un fait qui puisse le flétrir dans l'opinion de ses semblables, celui - ci a la loi et la justice pour appui; elles viennent à son secours s'il les invoque, pour protéger son innocence, punir son adversaire et le contraindre à une légitime réparation. Mais nous, Messieurs, quand nous aurons inculpé quelqu'un inconsidérément, quel moyen lui reste-t-il pour se laver de la flétrissure que nous aurons attachée à son nom ? Les paroles que nous laissons échapper du haut de la tribune, volent d'une extrémité de l'Europe à l'autre, pénètrent jusque dans les moindres villages, et ébranlent l'opinion de tout le monde civilisé. Qui peut penser que des hommes chargés de la fonction sacrée de donner des lois à un grand peuple, dont le jugement, les lumières, l'équité, doivent avoir été éprouvés par une longue expérience ; qui peut penser, dis-je, que de tels hommes avancent contre leurs concitoyens, contre des magistrats, des accusations dont ils n'auraient pas des preuves claires, constantes irrécusables ? Ils doivent donc être présumés coupables, ceux que nous accusons, par cela seul que nous les accusons ; et quand ils pourroient démontrer leur innocence et notre erreur, comment donneront-ils jamais à leur justification, l'éclat, l'étendue, l'autorité qu'a eus l'accusation ? A quel prix, quel sacrifice pourront-ils y parvenir ? Mais où, devant quel tribunal, nous appelleront-ils pour faire effacer la tache que nous leur aurons imprimée, et obtenir une réparation à laquelle ils auraient un si juste droit ? Nos opinions sont indépendantes et doivent l'être, nous n'en sommes responsables qu'à notre conscience et à Dieu. Et voilà précisément ce qui nous commande une plus grande réserve dans nos paroles, et nous interdit de juger qui que ce soit, parce que nos paroles tombant de plus haut, pénètrent plus profondément là où elles frappent, et parce que nous les proférons sans danger pour nous-mêmes. Où en seroit la liberté individuelle, les droits les plus sacrés et les plus chers de l'homme, l'honneur et la réputation, si nous, qui devons en être les protecteurs, inculpons, accusons, flétrissons, au gré de nos caprices, de nos passions, ou de nos préventions, sous l'égide de notre inviolabilité ? Un tel Gouvernement serait insupportable, et pour ma part, je renoncerois à en être membre. Ou il faut nous dépouiller du privilège qui nous couvre, consentir à comparaître devant les tribunaux pour y prouver la vérité de nos accusations, reconnaître et réparer les erreurs qui nous seraient échappées, ou l'honneur seul nous défend d'attaquer quiconque ne peut pas combattre à armes égales avec nous. C'est ce sentiment délicat de l'honneur pour soi-même, ce respect religieux pour celui des autres, qui a distingué dans tous les temps les princes de la maison de Bourbon, et les a rendus si attentifs et si scrupuleux dans tout ce qui pourrait blesser nonseulement la réputation, mais la sensibilité même du moindre de ceux qui les approchaient. Ils savaient, ces princes généreux et magnanimes, si par malheur ou par inadvertance....

Un moment, Monsieur, je m'aperçois qu'en vous répondant, votre verve me saisit comme par enchantement, et que je vais je ne sais où : il ne me reste pour sortir de ce piège, que de conclure brusquement.

Je conclus à ce que vous gardiez le silence à l'avenir, et que vous employiez plus de votre temps à méditer ce précepte d'Horace.

recté sapere est et principium et fons.

A Lyon, de l'Imprimerie de J. M. Boursy.